Um Dia "Daqueles"

Um Dia "Daqueles"

Uma lição de vida para levantar o seu astral

Bradley Trevor Greive

SEXTANTE

© Bradley Trevor Greive, 2001

tradução
Pedro Bandeira

capa
Raul Fernandes

revisão
Sérgio Bellinello Soares

fotolitos
Mergulhar Serviços Editoriais Ltda.

impressão e acabamento
Geográfica editora

CIP-BRASIL. CATALOGAÇÃO-NA-FONTE
SINDICATO NACIONAL DOS EDITORES DE LIVROS, RJ.

G841d   Greive, Bradley Trevor
      Um dia "daqueles" : uma lição de vida para levantar o seu
astral / Bradley Trevor Greive ; tradução de Pedro Bandeira.
– Rio de Janeiro : Sextante, 2001.
      : il.

      Tradução de: The blue day book
      ISBN 85-86796-76-X

      1. Motivação (Psicologia).   I. Título

01-0108.   CDD 158.1
                                               CDU 159.947

Todos os direitos reservados, no Brasil, por
Editora Sextante (GMT Editores Ltda.)
Av. Nilo Peçanha, 155 – Gr. 301 – Centro
20020-100 – Rio de Janeiro – RJ
Tel.: (21) 524-6760 – Fax: (21) 524-6755
Central de Atendimento: 0800-22-6306
E-mail: salvend@openlink.com.br

Para meus pais Fay e Trevor Greive,
que nunca se cansaram de me levar para ver o mundo, mesmo
depois que eu fui mordido por pingüins (duas vezes!).

Agradecimentos

Há tantas fotos incríveis neste livro que não seria possível creditar cada uma delas no espaço de que dispomos. Mas eu gostaria de dizer que a mágica contida em cada imagem fala de um talento e propósito que minha prosa desajeitada só poderia desvalorizar. Que maravilhosa espécie de artista pode extrair tanto em uma fração de segundo?
Obrigado.

Um livro como este parece muito simples. Mas não é. Eu devo muito a muitas pessoas que me encorajaram a seguir com este projeto, particularmente depois das cinco primeiras rejeições. Minhas adoráveis irmãs Linley e Vanessa, meus queridos amigos Basquali Skamaachi, Siimon Reynolds, Imogem Banks e Jane Malone. Menção especial é devida a Sue Greaves, Emma McClure e Norma Scott, que me deixaram invadir seus arquivos fotográficos sem hesitação, e, é claro, à minha editora Christine Schillig e ao seu time da Andrews McMeel, que transformaram um rascunho neste pequeno e maravilhoso livro.

Sou particularmente grato a Al Zuckerman, meu agente da Writers House em Nova York, e à sua fiel e sabichona assistente Fay Greenfield. Desejo também agradecer especialmente à superestrela do *marketing* Leslie Ferraro, que fez com que um pobre artista australiano tivesse a sua oportunidade. Com amigos como estes, é impossível falhar.

Um Dia "Daqueles"

Todo mundo tem um dia "daqueles".

São dias miseráveis, quando você se sente um lixo,

sem ânimo para nada,

sozinho no mundo

e literalmente "acabado".

São dias em que você se sente minúsculo, insignificante,

e tudo parece fora de alcance.

Você não consegue levantar *naaada*.

Começar qualquer coisa parece impossível.

Em dias assim, você pode se tornar paranóico,
achando que todo mundo está a fim de te pegar.

Você se sente frustrado e ansioso,

com ganas de roer as unhas,

o que pode, num piscar de olhos, transformar-se
na incontrolável compulsão de devorar um bolo de
chocolate inteirinho.

Num dia "daqueles", você se sente mergulhado
num oceano de tristeza.

Você fica a ponto de se derreter em lágrimas,
sem ao menos saber por quê.

Você se sente como se estivesse
perambulando pela vida sem propósito.

Você nem sabe quanto tempo mais dá pra se segurar.

Dá até vontade de gritar:
"Vamos, acabem logo com isto!"

E nem precisa muito para começar um dia "daqueles".

Talvez você acorde sentindo que
sua cara não está das melhores,

descubra algumas novas rugas,

que ganhou uns quilinhos a mais,

ou que nasceu "aquela" espinha no nariz.

Você pode se esquecer do aniversário de sua namorada

ou ver que alguém tirou sua foto com cara de bobo.

Você pode ser descartado, abandonado ou despedido,

fazer papel de idiota em público,

receber um apelido constrangedor,

ou simplesmente levar uma "lavada" de alguém.

Talvez o seu trabalho seja um espeto...

Você pode estar sendo pressionado
a preencher a vaga de outra pessoa,

seu chefe pode estar de olho em você

e todo mundo no escritório está te deixando doido.

Você pode acabar com uma tremenda dor de cabeça,

uma hérnia de disco,

mau hálito,

dor de dente,

gases,

boca seca,

ou uma maldita unha encravada!

Qualquer que seja a razão, você acaba convencido
de que alguém lá em cima não vai com a sua cara...

Ai, o que fazer? O que *fazeeeer?*

Bom, se você é como todo mundo, pode se agarrar à crença idiota de que tudo há de dar certo no fim.

Daí, você vai passar o resto da vida
olhando por cima do ombro à espera da próxima cilada
que o destino está reservando para você.

Vai se tornar cínico e rabugento,

ou uma vítima chorona e patética...

E a coisa vai por aí, até você se sentir deprimido,
com vontade de deitar-se
e implorar para que a terra o engula de uma vez.

Ou, o que é pior, achar que não dá mais
pra tocar em frente.

Isto é uma loucura, porque só se é jovem uma vez

e não se fica velho duas vezes.

Quem pode dizer quais as coisas fantásticas que estão logo ali, no virar da esquina?

Afinal de contas, o mundo está cheio
de descobertas surpreendentes,

coisas que você nem imagina!

Há perfumes deliciosos

e apetitosas refeições a dividir!

Você pode até tornar-se fabulosamente rico

e um dia até uma enorme superestrela!

Parece bom, não é?

Mas espere, tem mais!

Há reviravoltas na vida,

brincadeiras,

ioga,

karaoquê

e danças malucas, selvagens...

Mas o melhor de tudo é que há romance.

O que pode significar olhares sonhadores,

besteirinhas sussurradas ao ouvido,

chamegos,

beijocas,

mais beijocas

e ainda mais beijocas,

até uma ou outra mordidinha de amor.

Bom, daí, tudo pode rolar...

E o que é preciso fazer para você se sentir como se estivesse mergulhado numa deliciosa banheira de espuma?

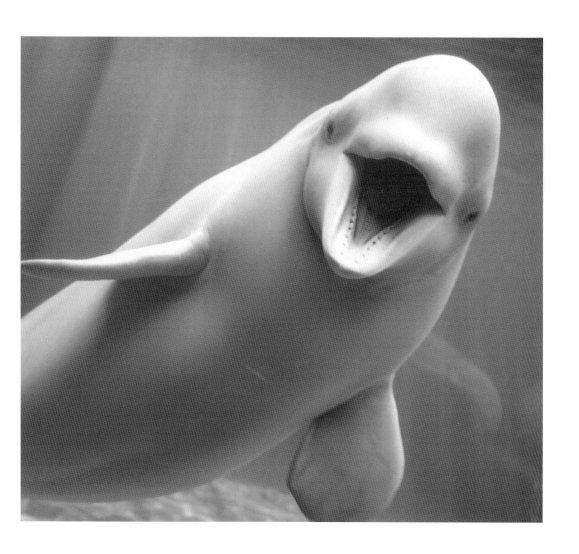

É fácil!

Em primeiro lugar, pare de se esconder pelos cantos.
É hora de ir à luta!

Relaxe... Inspire e solte o ar lentamente pela boca.
Tente meditar.

Ou saia para um passeio para refrescar a cabeça.

Aceite o fato que você vai ter de deixar para trás
uma certa carga emocional...

Tente ver as coisas de outro ângulo.

Talvez um pouco da culpa seja sua. Se for esse o caso,
tenha a coragem de pedir desculpas.
Nunca é tarde para isso.

Se alguém estiver pisando na bola, levante a cabeça
e diga: "Isso está errado e eu não vou engolir!"
É bom ser enérgico de vez em quando.

Mas pegue leve. Nem sempre é bom botar pra quebrar.

Orgulhe-se de ser como você é,

mas nunca perca a capacidade de rir de si mesmo.

Isto é bem mais fácil quando você está
no meio de gente alegre.

Viva cada dia como se fosse o último,
porque um dia vai ser mesmo.

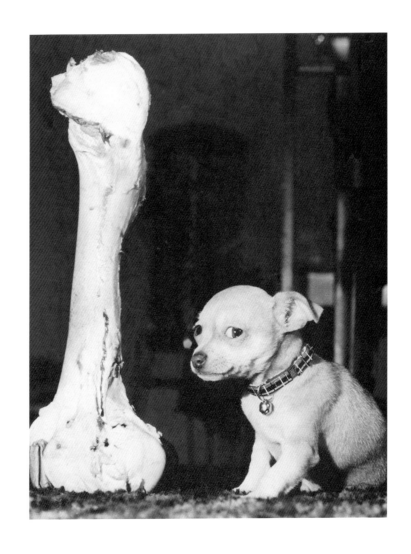

Não hesite em abocanhar mais do que você pode.

Assuma riscos.

Jamais recue. Meta as caras! Vá em frente!

Afinal de contas, a vida não é uma loucura?

Bom, pelo menos é isso que eu acho.

Conheça outros importantes títulos da Editora Sextante:

De Jack Canfield, Mark Victor Hansen e Heather McNamara:
HISTÓRIAS PARA AQUECER O CORAÇÃO
50 histórias de vida, amor e sabedoria

"Deus criou o homem porque adora histórias."

Elie Wiesel

Um dos maiores fenômenos editoriais dos últimos tempos, com mais de 60 milhões de livros vendidos no mundo inteiro, *Histórias para Aquecer o Coração* é o primeiro título da premiada coleção que tem inspirado leitores de todas as idades.

Cada uma das histórias deste livro contém algum significado especial. Elas nos falam do extraordinário poder de superação que tem a vida, da força com que ela nos impele para enfrentar desafios e ultrapassar dificuldades.

Elas alegram, comovem, reacendem a esperança e estimulam o desejo de empenhar-se para amar e viver plenamente. São histórias que fazem bem à alma e aquecem o coração.

"Uma história é capaz de iluminar nossa relação com os outros, de fortalecer nossa compaixão, de transformar o olhar com que contemplamos os nossos semelhantes, confirmando a crença de que 'estamos todos juntos na tarefa de viver'."

Ruth Stotter

De Sua Santidade, o Dalai-Lama:

O Caminho da Tranqüilidade

"Este livro inclui citações cotidianas selecionadas de meus próprios escritos e de trabalhos de minha autoria já publicados. Com toda a humildade, rezo para que os leitores possam encontrar nestas palavras alguma inspiração para desenvolver aquela generosa paz de espírito que é a chave da felicidade duradoura."

Sua Santidade, o Dalai-Lama

De Mitch Albom:

A Última Grande Lição

Cada um de nós teve na juventude uma figura especial que, com paciência e sabedoria, nos ajudou a descobrir dimensões mais profundas e a escolher nossos caminhos com maior liberdade.

Um dos maiores fenômenos editoriais dos últimos anos, este livro conta a real e comovente história do reencontro do autor com seu velho e querido professor para tratar dos temas fundamentais da vida.

Conheça também os seguintes títulos da Editora Sextante:

DE SUA SANTIDADE, O DALAI-LAMA:
- Uma Ética para o Novo Milênio
- Palavras de Sabedoria
- Minha Terra e Meu Povo

DE LEONARDO BOFF:
- A Oração de São Francisco
- Tempo de Transcendência (acompanha CD com palestra do autor)
- Espiritualidade (acompanha CD com palestra do autor)

DE ALLAN E BARBARA PEASE:
- Por que os Homens Fazem Sexo e as Mulheres Fazem Amor

DE LAURENCE KATZ E MANNING RUBIN:
- Mantenha o Seu Cérebro Vivo

DE IYANLA VANZANT:
- Enquanto o Amor Não Vem
- Um Dia Minha Alma se Abriu por Inteiro
– Ontem, Eu Chorei

DE RICHARD BOLLES:
- Como Conseguir um Emprego e Descobrir a Sua Profissão Ideal (Qual a cor do seu pára-quedas?)

DE SHARON LEBELL:
- A Arte de Viver

DE TOM SHRODER:
- Almas Antigas

DE GAVIN DE BECKER:
- Como Proteger Seus Filhos

DE DANIEL GOLEMAN:
- A Arte da Meditação (acompanha CD com quatro exercícios de meditação)

DE PATCH ADAMS:
- O Amor É Contagioso

DE MORRIE SCHWARTZ:
- Lições sobre Amar e Viver

DE YITTA HALBERSTAM E JUDITH LEVENTHAL:
- Pequenos Milagres

DE RICHARD CARLSON E BENJAMIN SHIELD:
- Os Caminhos do Coração

DE ORIAH MOUNTAIN DREAMER:
- O Convite

DE DAVID KUNDTZ:
- A Essencial Arte de Parar

DE DOMENICO DE MASI:
- O Ócio Criativo
- A Economia do Ócio

DE SALLE REDFIELD:
- Descobrindo a Alegria de Viver (acompanha CD com meditação)
- Meditações Celestinas (acompanha CD com meditação)

DE SHIRLEY MACLAINE:
- O Caminho

DE SYLVIA BROWNE:
- O Outro Lado da Vida

Informações sobre os
próximos lançamentos

Para ler uma entrevista com Bradley Trevor Greive e se cadastrar para receber informações sobre os seus próximos livros que serão lançados pela Editora Sextante, consulte o *site:*

www.esextante.com.br

Ou então, entre em contato com nossa Central de Atendimento:

Editora Sextante
Av. Nilo Peçanha, 155 – Gr. 301 – Centro
20020-100 – Rio de Janeiro – RJ
Tel.: (21) 524-6760 – Fax: (21) 524-6755
DDG: 0800-22-6306 (ligação gratuita)
E-mail: atendimento@esextante.com.br